TANIT PENE-BAAL,

PAR

M. PHILIPPE BERGER.

EXTRAIT DU JOURNAL ASIATIQUE.

20151

PARIS.

IMPRIMERIE NATIONALE.

M DCCC LXXVII.

TANIT PENE-BAAL.

De toutes les divinités qui composent le panthéon phénicien, il n'en est peut-être pas dont le nom revienne plus fréquemment sur les inscriptions que Tanit Penē-Baal. Elle figure en tête de tous les exvoto qu'on a déterrés à Carthage depuis cinquante ans. Jamais, au contraire, on ne rencontre son nom en dehors des monuments épigraphiques; les auteurs anciens l'ignorent, et l'on n'a pas encore réussi à se mettre d'accord ni sur la valeur ni même sur la prononciation des éléments dont il est formé. Nous laisserons de côté le mot Tanit; si l'on n'est pas fixé sur sa provenance ni sur sa forme véritable, le caractère mythologique de la déesse qu'il désigne ne laisse guère de place au doute; Tanit est la grande déesse de Carthage, et a pour symboles, comme Anath en Assyrie, Athor en Égypte et Astarté en Syrie, le disque de la planète Vénus et le croissant. Du reste, Tanit est un nom propre, et, comme tel, n'a pas besoin d'être traduit. Il en est autrement des mots Penē-Baal qui l'accompagnent; ils sont une épithète et doivent préciser le nom de Tanit. Il importe, tant à la connaissance de la mythologie carthaginoise qu'à la bonne intelligence des textes, d'être fixé sur le sens de cet attribut et sur son rapport avec le nom de Tanit.

L'expression Penē-Baal est de formation parfaitement claire; elle se compose du nom de Baal précédé du pluriel *panim* « face » à l'état construit. Deux traductions opposées sont en présence. D'après la plus ancienne, Penē-Baal est un attribut mythologique de Tanit, et il faut traduire « Tanit image de Baal », ou « face de Baal ». M. de Saulcy avait le premier proposé cette explication, en 1846, à la *Revue archéologique* (t. III, p. 629 et suiv.); elle fut adoptée depuis par la plupart des orientalistes, Ewald, Levy, M. A. Maury, M. de Vogüé, M. Renan. Elle se rattachait pour eux à toute une série de conceptions analogues.

M. Oppert[1] et, après lui, M. Halévy[2] se sont élevés contre l'ancienne interprétation; tout récemment, enfin, M. Derenbourg s'est prononcé dans le même sens; suivant eux, Penē-Baal ou plutôt Penibaal est une désignation géographique; Tanit Penibaal est la Tanit de Penibaal. Ils s'appuient sur un fait incontestable, mais qu'on a peut-être trop généralisé : très-souvent, les épithètes des noms de dieux sont des désignations géographiques. L'observation

[1] Académie des Inscriptions, *Comptes rendus*, 1867, p. 217-218.

[2] *Mélanges d'épigraphie et d'archéologie*, 1874, p. 42-48.

est juste ; ce qui distingue les dieux, c'est avant tout l'endroit où on les adore. Il y avait un Baal de Sidon et un Baal de Tyr, et chacun de ces noms rappelait des pratiques et des idoles différentes; c'est même en cela que consistait, à proprement parler, le polythéisme sémitique, beaucoup plutôt que dans des conceptions réellement différentes de la divinité.

Penē-Baal est du reste un nom géographique très-satisfaisant. Sans doute nous n'en possédons pas d'exemple, mais il est formé sur le modèle du nom de Penuel, célèbre par l'histoire de la lutte de Jacob [1]. Le cap Πρόσωπον, θεοῦ πρόσωπον « Face », « Face de Dieu », qui terminait le Liban du côté de Tripoli, a lui-même l'air de n'être que la traduction grecque soit de Penuel, soit de Penē-Baal. Ce dernier nom se trouve du reste sur différents points de la côte de la Méditerranée. Hesychius le donne à une île d'Égypte; Étienne de Byzance mentionne une autre île de ce nom qu'il place dans les environs de Carthage; on lit, en effet, dans son lexique: Πρόσωπον νῆσος οὐ πόῤῥω Καρχηδόνος; cette île n'est mentionnée, il est vrai, par aucun des auteurs classiques. M. Halévy s'appuie, pour établir la signification géographique de Penē-Baal, sur le passage d'Étienne de Byzance; d'après lui, l'île de Prosôpon située près de Carthage n'est autre que notre Penē-Baal, et la déesse Tanit devait avoir son grand sanctuaire dans cette île qui

[1] Genèse, XXXII, 25 et suiv.

lui aurait donné son nom. Les deux hypothèses ont donc chacune pour elle des analogies, et sont défendues par des autorités considérables.

Peut-être l'examen des inscriptions de Carthage, dont le nombre s'est si fort accru dans ces dernières années, apporterait-il quelque élément nouveau à la solution d'un problème que l'on a voulu résoudre, jusqu'à présent, par des considérations d'un ordre plus ou moins général. Il n'est pas d'inscriptions moins intéressantes que celles des ex-voto à Tanit; elles reproduisent toutes la même formule et elles ne donnent aucun détail ni sur la déesse, ni sur son culte, ni sur son temple; mais elles ont été trouvées en un endroit parfaitement déterminé; or ce genre d'informations, très-chanceux lorsqu'il s'agit d'inscriptions isolées, acquiert une grande valeur lorsqu'on opère sur des nombres aussi considérables. Nous ne possédons, en effet, pas moins de 3,000 ex-voto à Tanit, trouvés, pour la plupart, dans le même quartier de Carthage et presque au même endroit; c'en est assez pour déterminer d'une façon à peu près certaine à quel temple ils ont dû appartenir. On ne sait, il est vrai, que fort peu de chose sur la topographie de l'ancienne Carthage, mais on possède sur la ville romaine des renseignements beaucoup plus précis; or ils ne nous laissent aucun doute sur l'emplacement du temple de la grande déesse de Carthage à l'époque romaine; ce temple immense, célèbre dans tout le monde romain, occupait une colline située entre le temple d'Esculape et celui de Saturne, à l'est du premier. L'ancien temple de Tanit devait s'élever à la même place; ce point a été mis en pleine lumière par les travaux de Falbe et Dureau de la Malle. S'il restait quelque doute, il serait levé par les inscriptions; en effet, leur gisement principal se trouve dans l'espace compris entre la colline où se trouvait autrefois Byrsa et la voie des tombeaux, c'est-à-dire sur l'emplacement des temples de la Juno Cœlestis et de Saturne.

Ce fait établit avec certitude l'identité des deux cultes de Tanit Penē-Baal et de la déesse qui est appelée par les auteurs anciens tantôt Urania, tantôt Juno Cœlestis, tantôt encore Virgo Cœlestis. Le temple était le même, et la divinité la même. C'est au centre de Carthage que se trouvait le grand sanctuaire de Tanit, et, si nous nous en tenons aux faits, nous n'avons pas de raison pour admettre que son nom lui soit venu de l'île de Prosôpon. On ne peut en effet s'arrêter à une opinion moyenne d'après laquelle le sanctuaire, situé primitivement en dehors de Carthage, aurait été transporté dans la ville même. Les temples ne se déplacent guère; les noms changent, les lieux saints subsistent. Cela est surtout vrai d'un sanctuaire national aussi illustre que celui de la Cœlestis; à supposer même qu'un jeune temple se fût élevé à côté de l'ancien, il s'en serait distingué précisément par l'épithète qu'on aurait donnée à la déesse. Or c'est le contraire qui a lieu; l'expression de Penē-Baal est propre à Carthage.

On s'est servi de ce dernier argument pour combattre l'explication mythologique. La preuve que Penē-Baal est une désignation géographique, dit-on, c'est qu'on ne la rencontre pas en dehors de Carthage. Nous répondrons à cela que les noms mythologiques sont aussi plus ou moins étroitement localisés; d'ailleurs, la même remarque pourrait s'appliquer aussi bien à Tanit; les deux noms sont toujours étroitement associés, de telle sorte que l'absence presque complète du nom de Tanit Penē-Baal en dehors de Carthage ne prouve pas que le nom de Penē-Baal soit une désignation géographique empruntée aux environs de Carthage, elle prouve, ce qui est bien différent, que Tanit était une divinité spécialement carthaginoise.

Nous ne prétendons pas dire par là qu'elle n'ait pas été adorée ailleurs. Tanit entre en composition dans un ou deux noms propres, sur des inscriptions étrangères à l'Afrique; il est même de toute probabilité qu'en d'autres endroits la déesse ne portait pas le titre de Penē-Baal[1]; mais, là où nous la retrouvons adorée, c'est avec cette épithète.

Deux inscriptions font exception à cette règle; toutes deux sont identiques quant à la formule, les noms propres seuls diffèrent. L'une faisait partie des inscriptions du bey de Tunis qui ont figuré à l'exposition de 1867; elle a été publiée par M. de Longpérier (*Journ. asiat.* 1869, I, p. 350, n° 14); l'autre porte le n° 419 dans la collection envoyée

[1] La 1re Athénienne (Gesenius), qui est bilingue, est l'épitaphe d'un homme nommé Abdtanit, dans le texte grec, Artémidore.

de Carthage par M. de Sainte-Marie. C'est cette dernière que nous reproduisons :

A la grande dame Tanit Penē-Baal et au seigneur
Baal Hammon, vœu fait par Bodastoret,
fils d'Abdmelquart, fils d'Aris, serviteur
du temple de Çid-Tanit Mearat [1].

La formule finale sort entièrement du cadre ordinaire des ex-voto; toutefois, la traduction que nous en proposons est confirmée par deux ou trois autres textes sur lesquels figurent des individus qui portent le titre de « serviteur du temple de Çid-Melquart », עבדבת צדמלקרת, ou « d'Eschmoun-Astarté », עבדבת אשמנעשתרת, ou « d'Allat », עבדבת אלת. Il semble donc que ces ex-voto soient offerts par des hiérodules. Quoi qu'il en soit, ce qui nous intéresse ici, c'est que le nom de Tanit est suivi d'une désignation nouvelle, peut-être géographique, en tout cas différente de Penē-Baal. Mais c'est qu'il s'agit non pas tant de la déesse elle-même que d'un de ses temples; il était donc nécessaire de spécifier duquel. Au contraire, dans la dédicace, où Tanit est associée à Baal-Hammon, nous voyons reparaître le nom de Penē-Baal.

[1] Suivant M. Derenbourg, qui veut bien nous autoriser à publier sa traduction : « de Megara ». Voy. Mannert, trad. Marcus, p. 321.

Aussi bien, à la fin de l'inscription n'est-il pas question de Tanit, mais sans doute d'un de ces cultes hermaphrodites qui réunissaient deux divinités distinctes. Le nom de Penē-Baal est exclu par la présence de Çid.

Le culte de Tanit Penē-Baal n'était du reste pas aussi étroitement limité qu'on semble l'admettre. Notre déesse est mentionnée sur un grand nombre des inscriptions de Constantine; ces dernières présentent même une particularité qui est digne de remarque : le nom de Tanit, qui occupe toujours la première place à Carthage, ne vient jamais ici qu'en second lieu. La dédicace à Tanit est toujours précédée d'une dédicace à Baal Hammon. En outre, elle n'est presque jamais précédée du mot *Rabbat* « la grande dame », comme à Carthage. La différence des deux formules ressortira encore mieux de leur comparaison :

CARTHAGE :

A la grande dame Tanit Penē-Baal et au seigneur Baal Hammon.

CONSTANTINE :

Au seigneur Baal Hammon et à Tanit Penē-Baal.

L'explication de ce fait est très-simple : à Constantine, Tanit n'était qu'une divinité de second ordre; le grand dieu, le patron du pays, c'était Baal Hammon, dont les Romains ont fait Saturne. A Carthage, au contraire, c'est Tanit qui remplissait ce rôle. Tanit était la divinité protectrice de Carthage, la première personne de la grande triade mentionnée dans le traité de Philippe de Macédoine avec Hannibal, et ce que les inscriptions nous apprennent du caractère local de son culte s'accorde fort bien avec le terme dont les Grecs se servaient pour la désigner, ils l'appelaient « le génie de Carthage » *δαίμων Καρχηδονίων*.

L'expression Penē-Baal est donc dans un rapport constant avec Baal Hammon; elle relie les noms de Tanit et de Baal, non-seulement à Carthage, mais dans différents autres endroits où les deux divinités étaient adorées simultanément; elle semble donc destinée à marquer le rapport de Tanit avec Baal et à déterminer le caractère de la déesse : c'est un attribut mythologique. Cette manière de procéder, dans la formation des noms divins, loin d'être en contradiction avec les conceptions religieuses des Phéniciens, est d'accord avec ce que les inscriptions nous en apprennent. Sans doute les épithètes dont ils accompagnaient les noms de dieux étaient souvent géographiques, mais cela ne les empêchait pas d'y joindre des attributs d'une autre espèce. Nous laisserons de côté l'épithète de *Schem-Baal* et toutes les analogies que l'on a fondées sur elle ainsi que sur le *Schem Jehovah* et sur le *Logos*, le *Verbe*, et nous ne nous appuierons que sur deux ou trois textes empruntés à des inscriptions dont on ne contestera pas la valeur.

Le premier appartient à l'inscription d'Eryx : M. Renan, qui a réussi à déchiffrer la première ligne de cette inscription dont personne jusqu'à présent n'avait entrevu le sens, en lit le commencement avec certitude de la manière suivante : *le Aschtoreth kebar Haïim* « à Astarté qui prolonge la vie ».

Le second est bilingue : en effet, l'inscription de Lapithos, qui est phénicienne et grecque, débute ainsi : Ἀθήνῃ σωτείρᾳ νίκῃ, ce que le texte phénicien rend par les mots *le Anath oz haïim* « à Anath force de vie ».

Enfin, le troisième est emprunté à M. Halévy lui-même. Dans la partie phénicienne de l'inscription trilingue sarde, le nom d'Eschmoun est suivi d'un mot obscur que le texte grec et le texte latin transcrivent littéralement par le mot *Merre* (Μηῤῥη), sans l'expliquer. M. Halévy le traduit par « Eschmoun guérisseur [1] ». Quoi qu'il en soit de cette traduction, dont nous lui laissons la responsabilité, il est bien probable qu'il ne faut pas chercher dans *Merre* un nom géographique; les textes tant grec que latin l'auraient traduit.

Le nom de Penē-Baal est formé sur le même patron que les précédents; nous croyons trouver la

[1] Ici encore M. Renan propose une traduction qui rentrerait dans l'analogie des précédentes et qui pourrait peut-être bien trancher cette question si longtemps débattue. Il propose de lire מַאֲרִיחַ = מַאֲרִיךְ, et de prendre ce dernier mot dans le sens de « prolongateur », « prolongateur de la vie » מַאֲרִיךְ יָמִים qu'il a fréquemment dans la Bible. Comp. *Prov.* XXVIII, 2; *Eccles.* VII, 15; VIII, 12. Le changement du ךְ en ח est sans doute surprenant, mais la même inscription fournit plus loin encore quelques faits analogues; cette altération est, du reste, plus facile à concevoir dans le cas du בגדכפת, c'est-à-dire, quand le ךְ s'écrit sans *daguesh*. On sait en effet qu'alors cette lettre recevait une aspiration forte qui la rapprochait beaucoup du ח. Cette règle a notamment toujours été en vigueur chez les Syriens. Nous donnons les remarques précédentes ainsi que cette traduction encore inédite d'après l'une des dernières leçons du cours professé au Collége de France par M. Renan, qui apporte chaque jour de nouvelles lumières dans l'étude des inscriptions sémitiques.

confirmation de ce fait, amplement établi par ce qui précède, dans la forme latine correspondante. On aura été frappé, en effet, du rapport du titre de Penē-Baal que la déesse porte en phénicien, avec son nom latin Cœlestis. Ce dernier lui est aussi essentiel que le nom de Penē-Baal en phénicien. Dans les divers essais que les Romains ont faits pour identifier Tanit avec l'une ou l'autre de leurs déesses, elle est toujours caractérisée par le mot Cœlestis, qui devient un véritable nom propre; sur les inscriptions latines, elle n'en porte pas d'autre; elle s'appelle *Invicta Cœlestis* ou *Augusta Cœlestis*. Sans doute, Cœlestis n'est pas la traduction exacte de Penē-Baal, « la face de Baal », mais en mythologie, en général, on ne traduit pas, on cherche des équivalents. L'inscription de Lapithos nous fournit un exemple de la différence des procédés de l'esprit grec et de l'esprit sémitique à cet égard; « Anath force de vie » est devenue Ἀθήνη σωτεῖρα. Cet exemple nous permet de comprendre comment on a pu passer de l'idée de Tanit Penē-Baal à celle de la Virgo Cœlestis. La différence de ces deux termes n'est autre que la différence même qui sépare les conceptions religieuses des Sémites de celles des Grecs. Là où nous mettons une idée abstraite, le Sémite met une image. Quand nous voyons dans Tanit une déesse céleste, il y découvre l'image de Baal. Ces rapprochements acquièrent encore un plus haut degré de certitude, lorsque l'on songe au caractère de la déesse qui porte le titre de Penē-Baal. Tanit, autant qu'on peut en juger par les représentations figurées qui accompagnent les inscriptions, présente les mêmes attributs que la déesse Anath; comme cette dernière, elle est caractérisée par le disque et le croissant; elle est à la fois Vénus et la Lune. Or nous savons que les Grecs identifiaient Anath, en grec Anaïtis, avec Artémis. Tanit, nous en avons la preuve, était l'objet d'une identification analogue; en effet, l'inscription bilingue d'Athènes que nous avons citée plus haut rend le nom propre *Abd-Tanit* par *Artemidôros*. Le nom que les Romains ont donné à la déesse de Carthage, *Virgo cœlestis*, ne convient lui-même qu'à une seule déesse, à la déesse vierge qui porte le croissant sur sa tête, Artémis chez les Grecs, Diana chez les Romains. Tanit représentait donc la lune aux yeux des Phéniciens. Or ce ne sont pas seulement les Phéniciens, mais les Grecs qui voyaient dans la lune un visage. Plutarque a écrit un traité sur « la face qui paraît au disque de la lune », *Περὶ τοῦ ἐμφαινομένου προσώπου τῷ κύκλῳ τῆς Σελήνης*, et chez les poëtes grecs, il n'est presque jamais question de la lune sans que l'on voie apparaître son visage : *Σεληναίης τε πρόσωπον*. Nous ne pensons pas que les Grecs aient en cela copié les Phéniciens; ils ont obéi les uns et les autres à la même inspiration; seulement ce qui est resté pour les Grecs une image poétique est devenu une réalité dans la mythologie phénicienne.

Le caractère mythologique que nous avons reconnu au nom de Penē-Baal reparaît jusque dans les noms géographiques invoqués par M. Halévy. Les noms Penuel, Prosôpon ont une signification mythologique évidente; peut-être même d'autres noms doivent-ils rentrer dans la même catégorie.

Si l'on fait attention à la façon dont naissent tous ces noms de lieux, on verra qu'ils se rattachent soit à une apparition de la divinité, soit à un endroit considéré comme divin, le plus souvent une montagne. C'est de cette manifestation divine qu'ils tirent leur nom; seulement on retrouve ici encore le procédé que nous avons signalé à propos de Penē-Baal : le réalisme oriental confond l'idée de l'apparition avec celle de l'être divin qui est apparu; le lieu saint ne rappelle pas seulement un événement, il présente à l'imagination une personne divine. Cet être n'est pas le dieu lui-même, il en est, pour parler notre langage abstrait, la manifestation; seulement cette idée abstraite est étrangère à l'esprit sémitique, il n'y a pour lui qu'un dieu qui sort de lui-même et se pose en quelque sorte en face de lui-même. Cette notion est celle de « l'ange de l'Éternel » fort ancienne chez les Juifs, mais elle est beaucoup plus développée encore chez les différentes sectes gnostiques, dans la cabale et dans les autres écrits de même nature qui reproduisent sous une forme récente et très-altérée la plupart des dogmes de la vieille religion de la Syrie. Peut-être même trouverait-on dans ces écrits, sinon la formule qui nous occupe, du moins des expressions tout à fait parallèles. Macrobe, dans ses *Saturnales*, parlant de Minerve, dit : *Porphyrius testatur Minervam esse virtutem solis*. Cette phrase est traduite du grec, mais la pensée même, comme la plupart des conceptions philosophiques de Porphyre, est juive. Si nous avions à la traduire en langage sémitique, nous ne serions pas éloigné de rendre cette Minerve qui est la Vertu du Soleil par une expression du genre de Tanit Penē-Baal. Mais c'est un ordre de considérations que nous n'avons pas à aborder; il nous suffit d'avoir établi, à l'aide des inscriptions, le sens et la valeur du terme Penē-Baal. Ce sens est, à peu de chose près, celui qu'avait proposé dans le temps M. de Saulcy.

Devait-on prononcer Penē-Baal ou Penibaal? il est permis d'hésiter sur ce point. Quelle que soit l'explication que l'on adopte, la forme grammaticale est la même; les deux mots sont en *état construit*. Sans doute, à l'époque où ces textes ont été écrits, la forme régulière de l'état construit était Penē-Baal; mais il ne faut pas oublier que les noms divins de même que les noms géographiques remontent à une haute antiquité. Penē-Baal devait être devenu un véritable nom propre que l'on prononçait sans trop songer aux éléments qui le composaient; il est donc permis de suivre l'analogie des noms tels que Peniel ou Penuel, et de prononcer Penibaal; c'est du reste un point tout à fait secondaire, surtout eu égard aux variétés dialectales qui existaient entre la langue de Carthage et celle de la Palestine. On commence à comprendre le sens des textes phéniciens, la phonétique de la langue phénicienne est encore à créer.

www.ingramcontent.com/pod-product-compliance
Lightning Source LLC
LaVergne TN
LVHW050517160826
845677LV00003B/1180

* 9 7 8 2 3 2 9 6 3 0 1 1 3 *